Impressum
Verlag: BABADADA GmbH, Nedderfeld 112 , 22529 Hamburg
Geschäftsführer / Verlagsleitung: Harald Hof
Druck: Books on Demand GmbH, In de Tarpen 42, 22848 Norderstedt

Imprint
Publisher: BABADADA GmbH, Nedderfeld 112 , 22529 Hamburg, Germany
Managing Director / Publishing direction: Harald Hof
Print: Books on Demand GmbH, In de Tarpen 42, 22848 Norderstedt

դպրոց

school

classroom
բաժանել
divide
186/2
խաղադաշտ
գրատախտակ
board
ուսուցիչ
teacher
թուղթ
paper
գրել
write
գրիչ
pen
գրասեղան
desk
քանոն
ruler
գիրք
book
աշակերտ
pupil

պայուսակ

satchel

գրչատուփ

pencil case

մատիտ

pencil

մատիտի սրիչ

pencil sharpener

ռետին

rubber

նկարչական ալբոմ

drawing pad

Նկ_արչություն

drawing

վրձին

paintbrush

Ներկերի տուփ

paint box

մկրատ

scissors

սոսինձ

glue

տետր

exercise book

Տնային աշխատանք

homework

թիվ

number

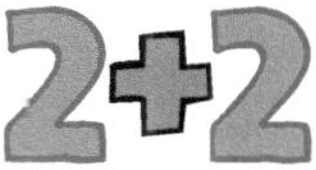

գումարել

add

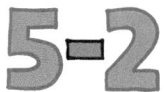

հանել

subtract

բազմապատկել

multiply

հաշվել

calculate

տառ

letter

այբուբեն

alphabet

բառ

word

տեքստ

text

կարդալ

read

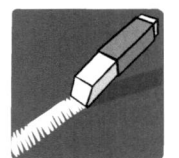

կավիճ

chalk

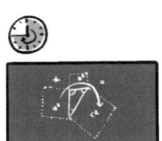

դաս

lesson

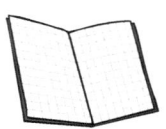

մատյան

register

քննություն

examination

վկայական

certificate

դպրոցական համազգեստ

school uniform

կրթություն

education

հանրագիտարան

encyclopedia

համալսարան

university

մանրադիտակ

microscope

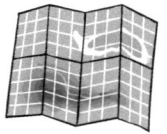

քարտեզ

map

աղբարկղ

waste-paper basket

հյուրանոց
hotel
հանրակացարա
ն
hostel
ROOMS
EXCHANGE
փոխանակման կետ
currency exchange office
ճամպրուկ
suitcase
ավտոմեքենա
car

լեզու

language

այո / ոչ

yes / no

Լավ

Okay

ողջույն

hello

թարգմանիչ

translator

Շնորհակալություն

Thank you

Որքան է ...?

how much is...?

Ես չեմ հասկանում

I don´t get it

խնդիր

problem

Բարի երեկո

Good evening!

Բարի լույս

Good morning!

Բարի երեկո

Good night!

ցտեսություն

goodbye

ուղղություն

direction

ուղղեբեռ

luggage

պայուսակ

bag

մեջքի պայուսակ

backpack

հյուր

guest

սենյակ

room

քնապարկ

sleeping bag

վրան

tent

Զբոսաշրջության
տեղեկատվական

tourist information

լողափ

beach

ԿՐԵԴԻՏ քարտ

credit card

նախաճաշ

breakfast

լանչ

lunch

ճաշ

dinner

տոմս

Ticket

վերելակ

elevator

կնիք

stamp

սահման

border

մաքսային

customs

դեսպանություն

embassy

մուտքի արտոնագիր

visa

անձնագիր

passport

Փոխադրամիջոցներ
transport

ինքնաթիռ
airplane
նավ
ship
հրշեջ մեքենա
fire truck
ավտոբուս
bus
բեռնատար մեքենա
truck
մոտորանավակ
motorboat
հեծանիվ
bike
ավտոմեքենա
car

լաստանավ
ferry

նավակ
boat

մոտոցիկլ
motorbike

ոստիկանության մեքենա
police car

մրցարշավային մեքենա
racing car

վարձակալվող մեքենա
rental car

մեքենայի վարձակալում

car sharing

Էվակուատոր

tow truck

աղբահանության մեքենա

garbage truck

շարժիչ

engine

վառելիք

fuel

բենզալցակայան

fuel station

երթևեկության նշան

traffic sign

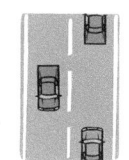

երթևեկություն

traffic

խցանում

traffic jam

ավտոկանգառ

parking lot

երկաթուղային կայարան

train station

երկաթուղագիծ

tracks

գնացք

train

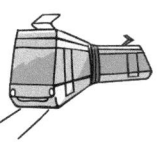

տրամվայ

tram

վագոն

wagon

ուղղաթիռ

helicopter

օդանավակայան

airport

աշտարակ

tower

ուղևոր

passenger

աման

container

խավաքարտ

carton

սայլ

cart

զամբյուղ

basket

հանեք / հողատարածք

take off / land

քաղաք
city

գյուղ

village

քաղաքի կենտրոնում

city center

տուն

house

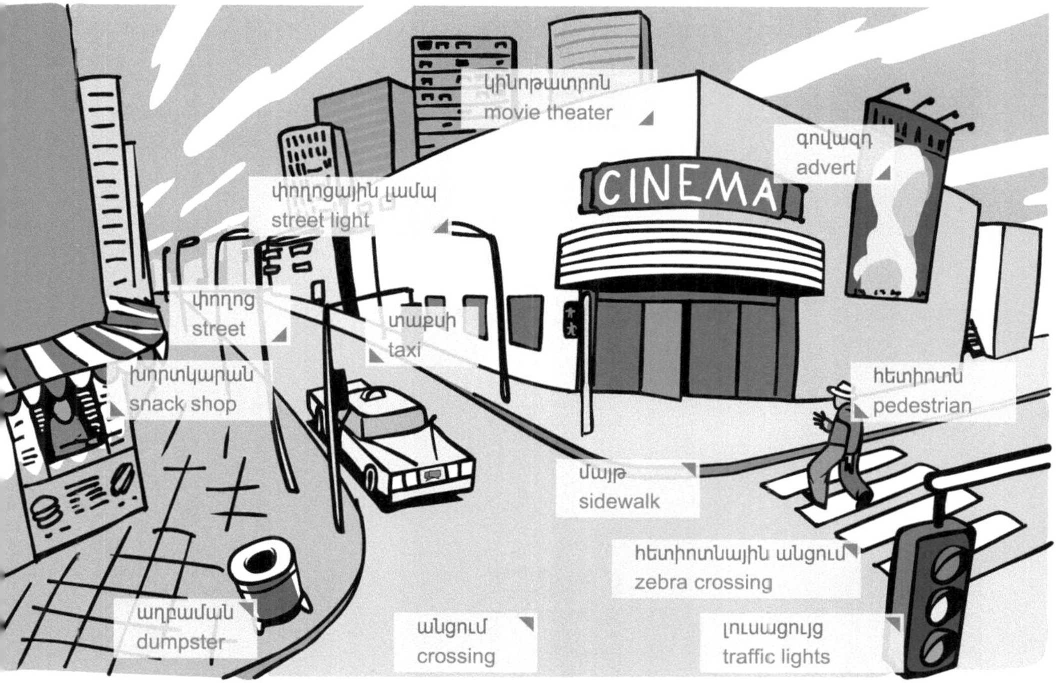

կինոթատրոն
movie theater

գովազդ
advert

փողոցային լամպ
street light

CINEMA

փողոց
street

տաքսի
taxi

խորտկարան
snack shop

հետիոտն
pedestrian

մայթ
sidewalk

հետիոտնային անցում
zebra crossing

աղբաման
dumpster

անցում
crossing

լուսացույց
traffic lights

խրճիթ

hut

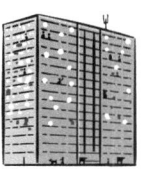

բնակարան

apartment

երկաթուղային կայարան

train station

քաղաքապետարան

city hall

թանգարան

museum

դպրոց

school

համալսարան

university

բանկ

bank

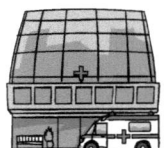

հիվանդանոց

hospital

հյուրանոց

hotel

դեղատուն

pharmacy

գրասենյակ

office

գրքույկ խանութ

book shop

խանութ

shop

ծաղկի խանութ

flower shop

սուպերմարկետ

supermarket

շուկա

market

հանրախանութ

department store

ձկան խանութ

fishmonger's shop

առևտրի կենտրոն

mall

նավահանգիստ

harbor

զբոսայգի

park

բանկերը

bench

կամուրջ

bridge

աստիճաններ

stairs

մետրո

subway

թունել

tunnel

ավտոբուսի կանգառ

bus stop

բար

bar

ռեստորան

restaurant

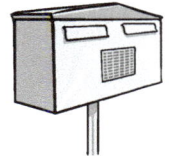

փոստարկղ

postbox

փողոցային նշան

street sign

ավտոկայանման հաշվիչ

parking meter

կենդանաբանական այգի

zoo

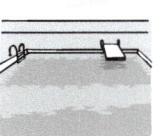

լողավազան

swimming pool

մզկիթ

mosque

ֆերմա

farm

աղտոտման

pollution

գերեզմանոց

cemetery

եկեղեցի

church

խաղահրապարակ

playground

տաճար

temple

բնապատկեր
landscape

փեղկ
leaf
ուղղության նշան
signpost
ճանապարհ
path
մարգագետին
meadow
stone
արշավականներ
hiker
ծառ
tree
գետ
river
խոտ
grass
ծաղիկ
flower

հովիտ
valley

բլուր
hill

լիճ
lake

անտառ
forest

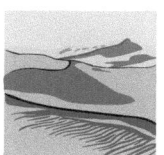

անապատ
desert

հրաբուխ
volcano

ամրոց
castle

ծիածան
rainbow

սունկ
mushroom

արմավենու ծառ
palm tree

մժեղ
mosquito

թռչել
fly

մրջյուն
ant

մեղու
bee

սարդ
spider

բզեզ

beetle

գորտ

frog

սկյուռ

squirrel

ոզնի

hedgehog

նապաստակ

hare

բու

owl

թռչուն

bird

կարապ

swan

վարազ

boar

եղջերու

deer

իշայծյամ

moose

պատնեշ

dam

քամին տուրբինների

wind turbine

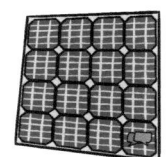

արեւային վահանակ

solar panel

կլիմա

climate

ռեստորան
restaurant

մատուցող
waiter
մենյու
menu
աթոռ
chair
ապուր
soup
պիցցա
pizza
սփռոց
tablecloth
սպասք
cutlery

ստարտեր

starter

հիմնական կերակուր

main course

դեսերտ

dessert

օրական

drinks

սնունդ

food

շիշ

bottle

արագ սնունդ

fast food

streetfood

street food

թեյնիկ

teapot

շաքարաման

sugar bowl

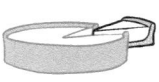

բաժին

portion

էսպրեսսո մեքենա

espresso machine

մանկական աթոռ

high chair

օրինագիծ

bill

սկուտեղ

tray

դանակ

knife

պատառաքաղ

fork

գդալ

spoon

թեյի գդալ

teaspoon

անձեռոցիկ

serviette

ապակի

glass

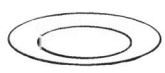

ափսե

plate

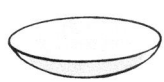

խոր ափսե

soup plate

պնակ

saucer

սոուս

sauce

աղամ ան

salt shaker

պղպեղի աղաց

pepper mill

քացախ

vinegar

ձեթ

oil

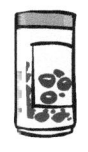

համեմունքներ

spices

կետչուպ

ketchup

մանանեխ

mustard

մայոնեզ

mayonnaise

սուպերմարկետ
supermarket

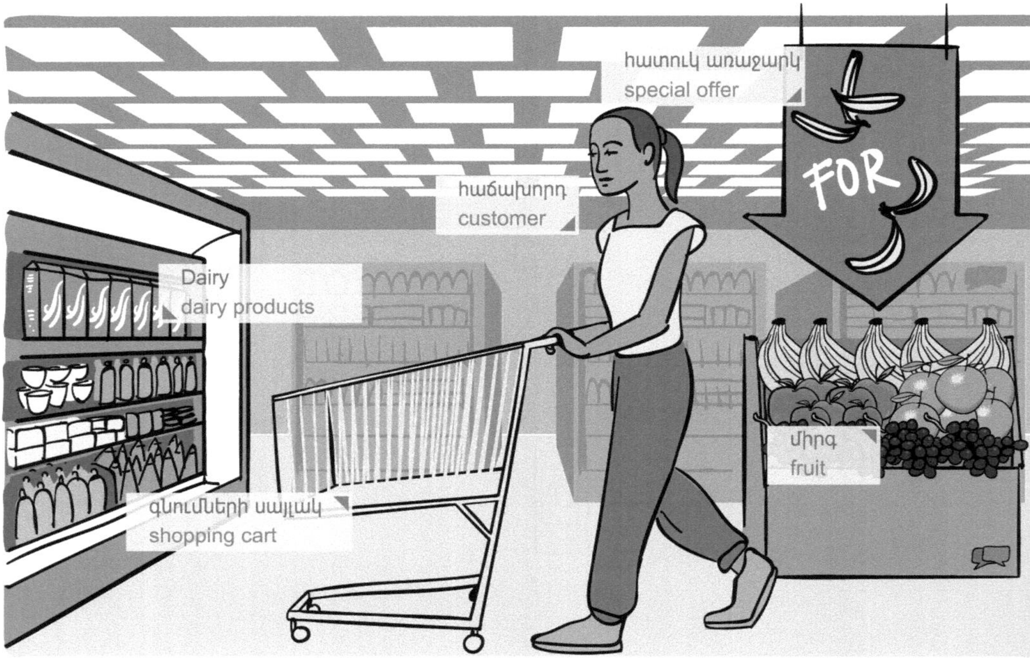

հատուկ առաջարկ
special offer
FOR
հաճախորդ
customer
Dairy
dairy products
միրգ
fruit
գնումների սայլակ
shopping cart

մսամթերքի խանութ

butcher's shop

հացամթերքի խանութ

bakery

կշռել

weigh

բանջարեղեն

vegetables

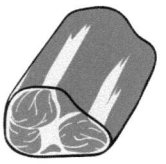

միս

meat

սառեցված սննդամթերքի

frozen food

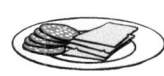

երշիկեղեն
cold cuts

պահածոների
canned food

լվացքի փոշի
detergent

քաղցրավենիք
candy

տնտեսական ապրանքներ
household products

մաքրող միջոցներ
cleaning products

վաճառող
sales representative

դրամարկղ
cash register

գանձապահ
cashier

գնումների ցուցակ
shopping list

ժամերը
opening hours

դրամապանակ
wallet

ԿՐԵԴԻՏ քարտ
credit card

պայուսակ
bag

պլաստիկ տոպրակ
plastic bag

օրական
drinks

ջուր

water

հյութ

juice

կաթ

milk

կոլա

coke

գինի

wine

գարեջուր

beer

սպիրտ

alcohol

կակաո

cocoa

թեյ

tea

սուրճ

coffee

էսպրեսսո

espresso

կապուչինո

cappuccino

բանան

banana

խնձոր

apple

նարնջի

orange

սեխ

melon

կիտրոն

lemon

գազար

carrot

սխտոր

garlic

բամբուկ

bamboo

սոխ

onion

սունկ

mushroom

ընկուզեղեն

nuts

արիշտա

noodles

սպագետտի

spaghetti

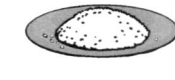

բրինձ

rice

աղցան

salad

չիպս

fries

տապակած կարտոֆիլ

fried potatoes

պիցցա

pizza

համբուրգեր

hamburger

սենդվիչ

sandwich

կոտլետ

escalope

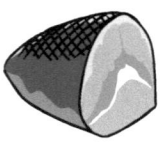

խոզապուխտ

ham

սալյամի

salami

երշիկ

sausage

հավ

chicken

խորոված

roast

ձուկ

fish

վարսակի փաթիլներ

porridge oats

մյուսլի

muesli

եգիպտացորենի փաթիլներ

cornflakes

ալյուր

flour

կրուասան

croissant

բուլկի

bread roll

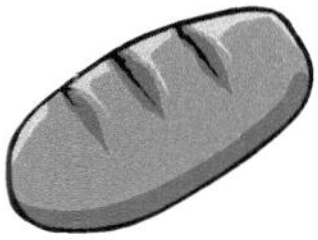

հաց

bread

տոստ

toast

թխվածքաբլիթներ

cookies

կարագ

butter

կաթնաշոռ

curd

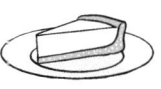

տորթ

cake

ձու

egg

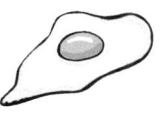

տապակած ձու

fried egg

պանիր

cheese

պաղպաղակ

ice cream

շաքար

sugar

մեղր

honey

ջեմ

jelly

նուգա սերուցք

nougat cream

կարրի

curry

farm

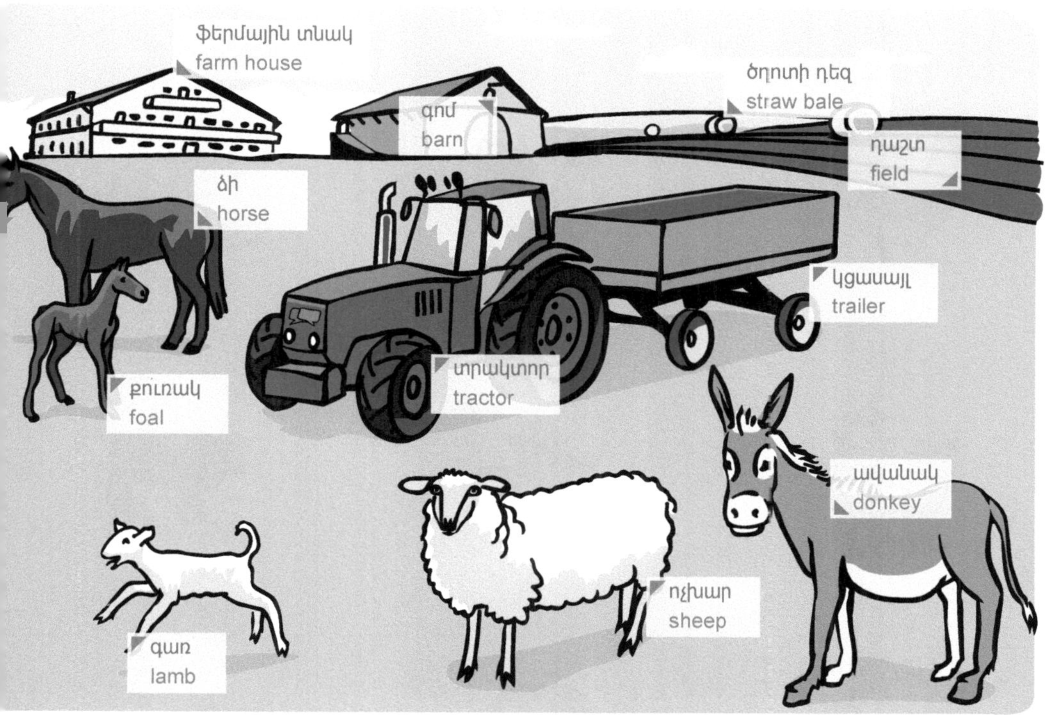

ֆերմային տնակ
farm house
գոմ
barn
ծղոտի դեզ
straw bale
դաշտ
field
horse
կցասայլ
trailer
տրակտոր
tractor
քուռակ
foal
ավանակ
donkey
ոչխար
sheep
գառ
lamb

այծ

goat

կով

cow

հորթ

calf

խոզ

pig

խոճկոր

piglet

ցուլ

bull

ֆերմա - farm

սագ
goose

բադ
duck

ճուտ
chick

հավ
hen

աքլոր
cockerel

առնետ
rat

կատու
cat

մուկ
mouse

ցուլ
ox

շուն
dog

շան բուն
dog house

այգու փողրակ
garden hose

watering կարող է
watering can

գերանդի
scythe

գութան
plow

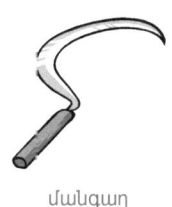

մանգաղ

sickle

թոխր

hoe

եղան

pitchfork

կացին

axe

միանիվ ձեռնասայլակ

pushcart

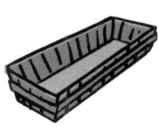

կերակրատաշտ

trough

կաթի բիդոն

milk can

պարկ

sack

ցանկապատ

fence

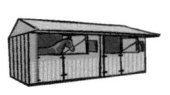

կայուն

stable

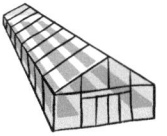

ջերմոց

greenhouse

հող

soil

սերմ

seed

պարարտանյութ

fertilizer

բերքահավաք կոմբայն

combine harvester

բերք

harvest

բերք

harvest

յամս

yams

ցորեն

wheat

սոյա

soya

կարտոֆիլ

potato

եգիպտացորեն

corn

rapeseed

rapeseed

մրգային ծառ

fruit tree

manioc

manioc

շիլաներ

grain

ծխնելույզ
chimney
տանիք
roof
ջրհորդան խողովակ
downspout
պատուհան
window
ավտոտնակ
garage
դռան զանգ
doorbell
դուռ
door
աղբարկղ
trash can
փոստարկղ
mailbox
պարտեզ
garden

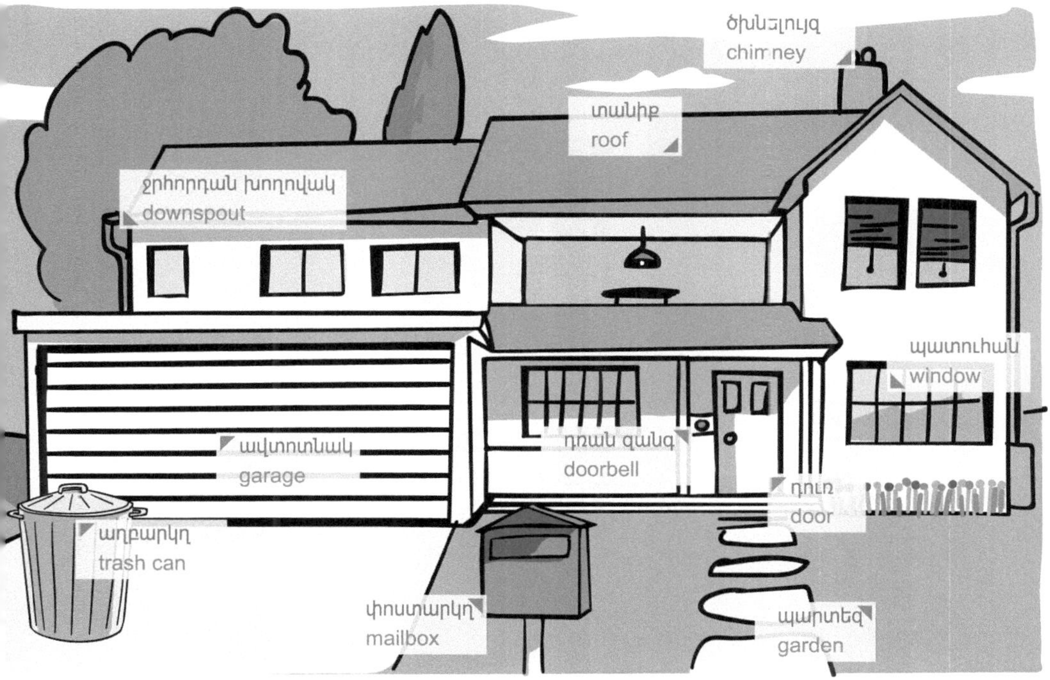

հյուրասենյակ

living room

լողասենյակ

bathroom

խոհանոց

kitchen

ննջարան

bedroom

մանկական սենյակ

kids room

ճաշասենյակ

dining room

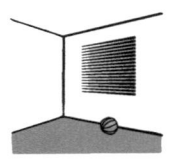

հարկ

floor

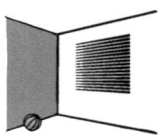

պատ

wall

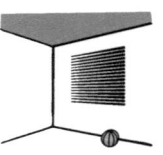

առաստաղ

ceiling

նկուղ

cellar

շոգեբաղնիք

sauna

պատշգամբ

balcony

պատշգամբ

terrace

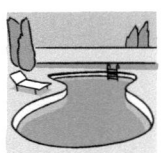

ավազան

pool

խոտհնձիչ

lawn mower

թերթ

sheet

անկողնու ծածկոց

bedspread

մահճակալ

bed

ավել

broom

դույլ

bucket

անջատիչ

switch

հյուրասենյակ

living room

պաստառ
wallpaper
նկար
picture
լամպ
lamp
դարակ
shelf
բուֆետ
cabinet
հեռուստացույց
television
բուխարի
fireplace
ծաղիկ
flower
cushion
բազմոց
sofa
սկահակ
vase
հեռակառավարման
վահանակ
remote control

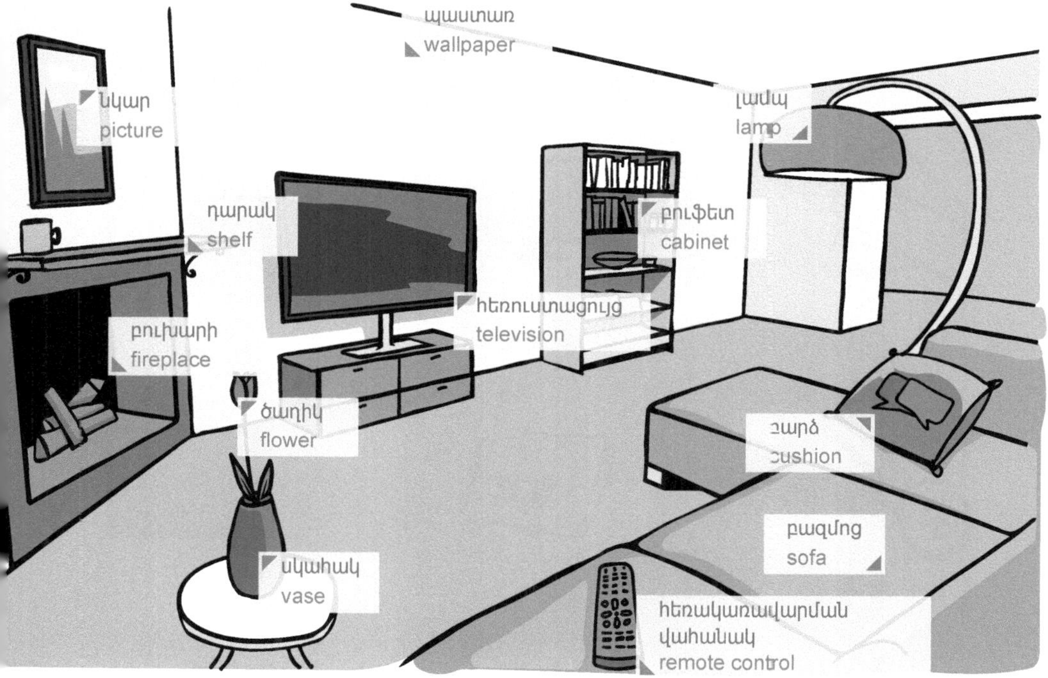

գորգ

carpet

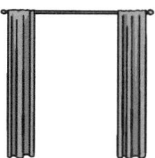

վարագույր

drape

սեղան

table

աթոռ

chair

ճոճվող բազկաթոռ

rocking chair

բազկաթոռ

armchair

գիրք

book

վերմակ

blanket

զարդարանք

decoration

վառելափայտ

firewood

ֆիլմ

film

hi-fi

stereo system

բանալի

key

թերթ

newspaper

նկար

painting

պլակատ

poster

ռադիո

radio

տետր

notebook

փոշեկուլ

vacuum cleaner

կակտուս

cactus

մոմ

candle

խոհանոց
kitchen

սառնարանի
fridge
միկրոալիքային վառարան
microwave oven
խոհանոցի կշեռք
kitchen scales
տոստեր
toaster
լվացող հեղուկ
laundry detergent
վառարան
stove
սառնարան
freezer
աղբարկղ
trash can
աման լվացող սարք
dishwasher

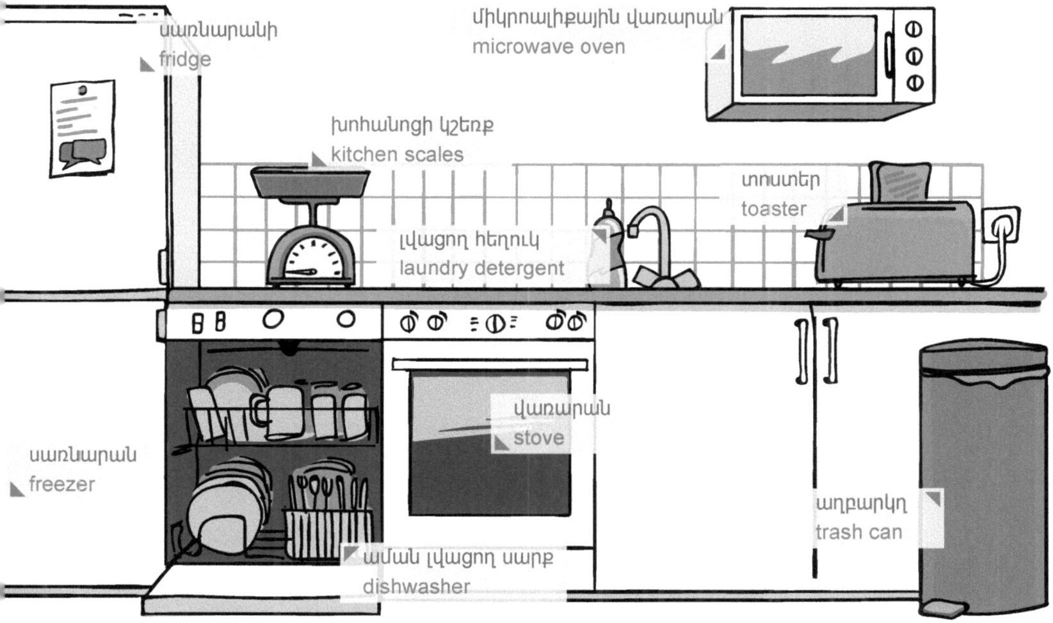

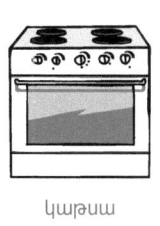

կաթսա

cooker

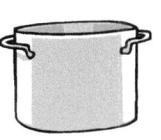

կճուճ

pot

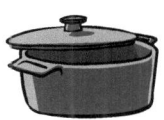

թուջե աման

cast-iron pot

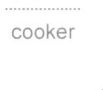

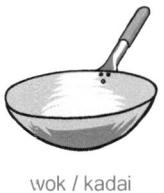

wok / kadai

wok / kadai

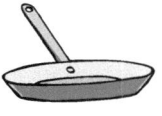

թավա

pan

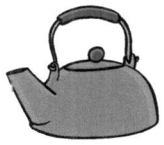

թեյնիկ

kettle

շոգենավ

steamer

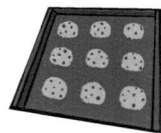

ջեռոցի սկուտեղ

baking tray

ամանեղեն

crockery

բաժակ

mug

խորը աման

bowl

փայտիկներ

chopsticks

շերեփ

ladle

խոհանոցային բահիկ

spatula

հարել

whisk

քամիչ

strainer

մաղ

sieve

քերիչ

grater

հավանգ

mortar

խորոված

barbecue

բաց կրակի

fireplace

տախտակ

chcpping board

գրտնակ

rolling pin

խցանահան

corkscrew

բանկա

can

բացիչ

can opener

խոհանոցային բռնիչ

oven cloth

լվացարան

sink

խոզանակ

brush

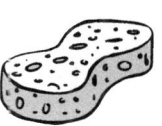

սպունգ

sponge

բլենդեր

blender

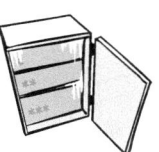

սառնարան

deep freezer

մանկական շիշ

baby bottle

թակել

tap

լողասենյակ

bathroom

ջեռուցում
heating
սրբիչ
towel
ցնցուղ
shower
լոգարանի վարագույր
shower curtain
փրփուրով վաննա
bubble bath
լոգարան
bathtub
ապակի
glass
լվացքի մեքենա
washing machine
թակել
tap
սալիկներ
tiles
մանր
potty
լվացարան
sink

զուգարան

toilet

կզելը զուգարան

squat toilet

բիդե

bidet

pissoir

urinal

զուգարանի թուղթ

toilet paper

զուգարանի խոզանակ

toilet brush

ատամի խոզանակ

toothbrush

ատամի քսուք

toothpaste

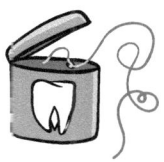

ատամի թել

dental floss

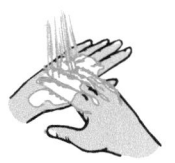

լվանալ

wash

ձեռքի ցնցուղ

hand shower

ցնցուղ

douche

ավազան

basin

մեջքի խոզանակ

back brush

օճառ

soap

լոգանքի գել

shower gel

շամպուն

shampoo

ճիլոպ

flannel

հառականցք

drain

կրեմ

creme

դեզոդորանտ

deodorant

հայելի

mirror

ձեռքի հայելի

hand mirror

սափրիչ

razor

Սափրվելու փրփուր

shaving foam

սափրվելուց հետո քսվող լոսյոն

aftershave

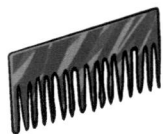

սանր

comb

խոզանակ

brush

մազերի չորացուցիչ

hair-dryer

մազի լաք

hairspray

դիմահարդարում

makeup

շրթնաներկ

lipstick

եղունգների լաք

nail varnish

բամբակ

cotton wool

եղունգների մկրատ

nail scissors

օծանելիք

perfume

դիմահարդարման
պայուսակ
washbag

աթոռակ
stool

կշեռք
weighing scales

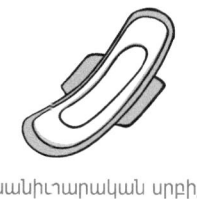

լողանալու խալաթ
bathrobe

ռետինե ձեռնոցներ
rubber gloves

տամպոն
tampon

սանիտարական սրբիչ
sanitary towel

քիմիական զուգարան
chemical toilet

մանկական սենյակ

kids room

զարթուցիչ ժամացույց
alarm clock
փափուկ խաղալիք
cuddly toy
խաղալիք մեքենա
toy car
բլբլալ
rattle
տիկնիկների տնակ
doll's house
ներկա
present

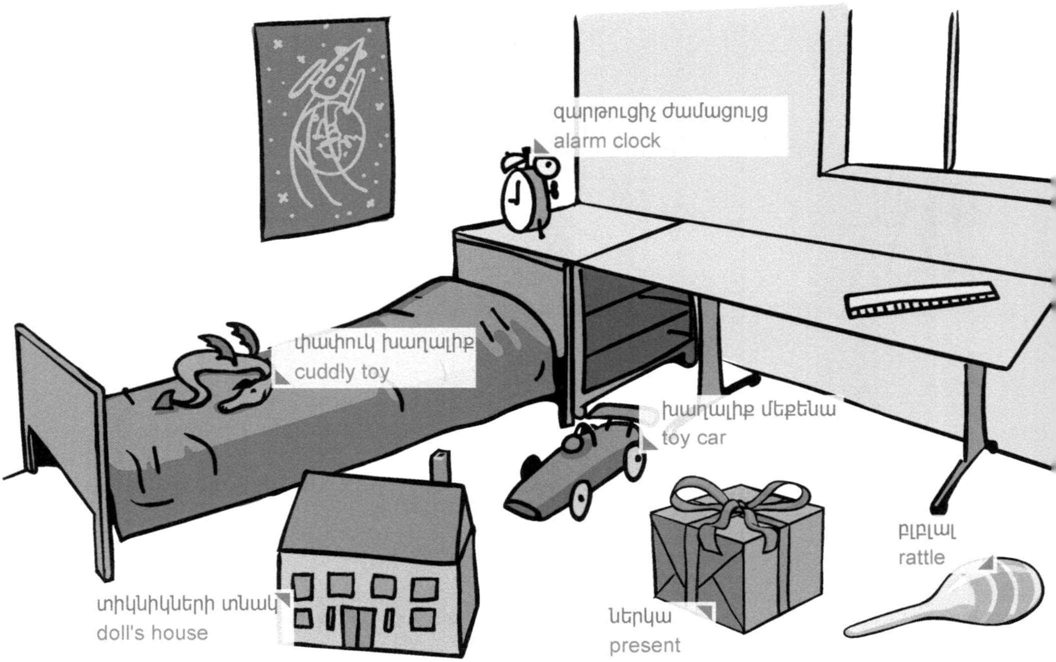

փուչիկ

balloon

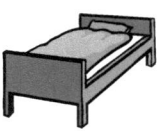

մահճակալ

bed

մանկական սայլակ

stroller

խաղաթղթեր

deck of cards

խճապատկեր

jigsaw

կոմիքս

comic

Լեգո կուբիկներ

lego bricks

կառուցողական
խաղալիքներ
toy blocks

ակցիան գործիչ

action figure

մանկական բոդի

romper suit

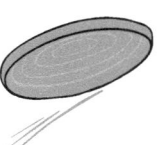

Frisbee

frisbee

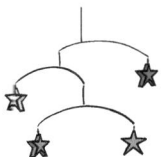

շարժական

mobile

խաղատախտակ

board game

զառախաղ

dice

գնացքների կազմ

model train set

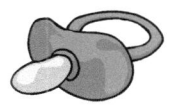

ծծակ

pacifier

կուսակցություն

party

մանկական
պատկերազարդ գիրք
picture book

գնդակ

ball

տիկնիկ

doll

խաղալ

play

ավազե խաղահրապարակի

sandpit

ռիթմ

swing

Խաղալիքներ

toys

վիդեո խաղ մխիթարել

video game console

եռանիվ հեծանիվ

tricycle

խաղալիք արջուկ

teddy bear

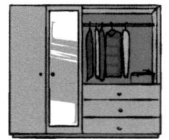

պահարան

wardrobe

հագուստ
clothing

կիսագուլպա

socks

գուլպա

stockings

զուգագուլպա

tights

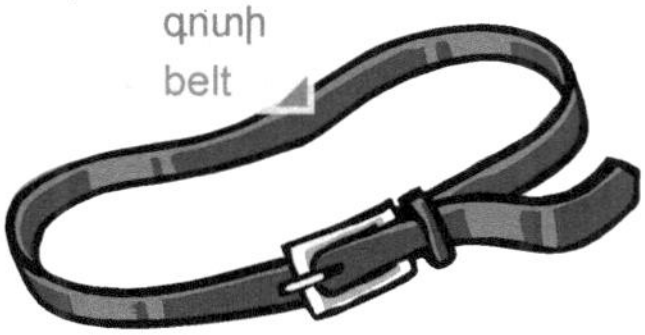

scarf

umbrella

շապիկ
t-shirt

գոտի
belt

կոշիկ
boots

սպորտային կոշիկներ
sneakers

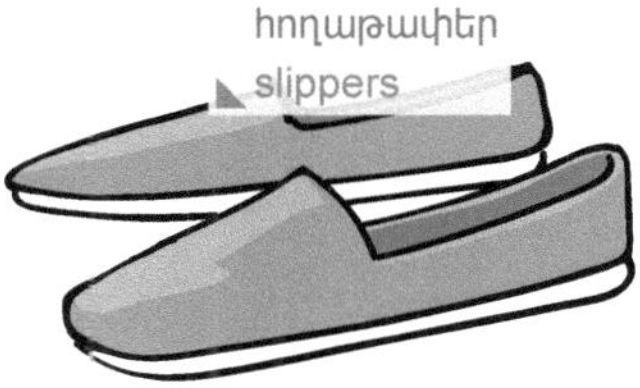

հողաթափեր
slippers

սանդալներ

sandals

կոշիկ

shoes

ռետինե կոշիկներ

rubber boots

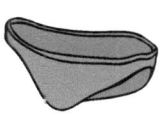

վարտիք

underwear

կրծկալ

bra

մայկա

undershirt

մարմին
body

անդրավարտիք
pants

ջինս
jeans

կիսաշրջազգեստ
skirt

բլուզ
blouse

վերնաշապիկ
shirt

պուլովեր
pullover

սպորտային կուրտկա
sweater

պիջակ
blazer

կուրտկա
jacket

վերարկու
coat

անձրևանոց
raincoat

կանացի կոստյում
costume

զգեստ
dress

հարսանյաց զգեստ
wedding dress

տղամարդու կոստյում

suit

գիշերանոց

nightgown

պիժամա

pajamas

Սարի

sari

գլխաշորն

headscarf

չալմա

turban

չադրա

burka

արևելյան խալաթ

kaftan

հաստ վերարկու

abaya

կանացի լողազգեստ

swimsuit

տղամարդու լողազգեստ

trunks

շորտ

shorts

սպորտային համազգեստ

tracksuit

գոգնոց

apron

ձեռնոցներ

gloves

հագուստ - clothing

47

կոճակ

button

ակնոց

glasses

ապարանջան

bracelet

վզնոց

necklace

մատանի

ring

ականջօղ

earring

գլխարկ

cap

կախիչ

coat hanger

գլխարկ

hat

փողկապ

tie

շղթա

zip

սաղավարտ

helmet

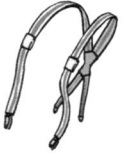

տաբատակալ

braces

դպրոցական համազգեստ

school uniform

համազգեստ

uniform

մանկական գոգնոց

bib

ծծակ

pacifier

մանկական տակդիր

diaper

գրասենյակ

office

սերվեր
server
գրասենյակային պահարան
filing cabinet
թուղթ
paper
տպիչ
printer
մոնիտոր
monitor
գրասեղան
desk
մկնիկ
mouse
թղթապանակ
folder
ստեղնաշար
keyboard
աղբարկղ
waste-paper basket
համակարգիչ
computer
աթոռ
chair

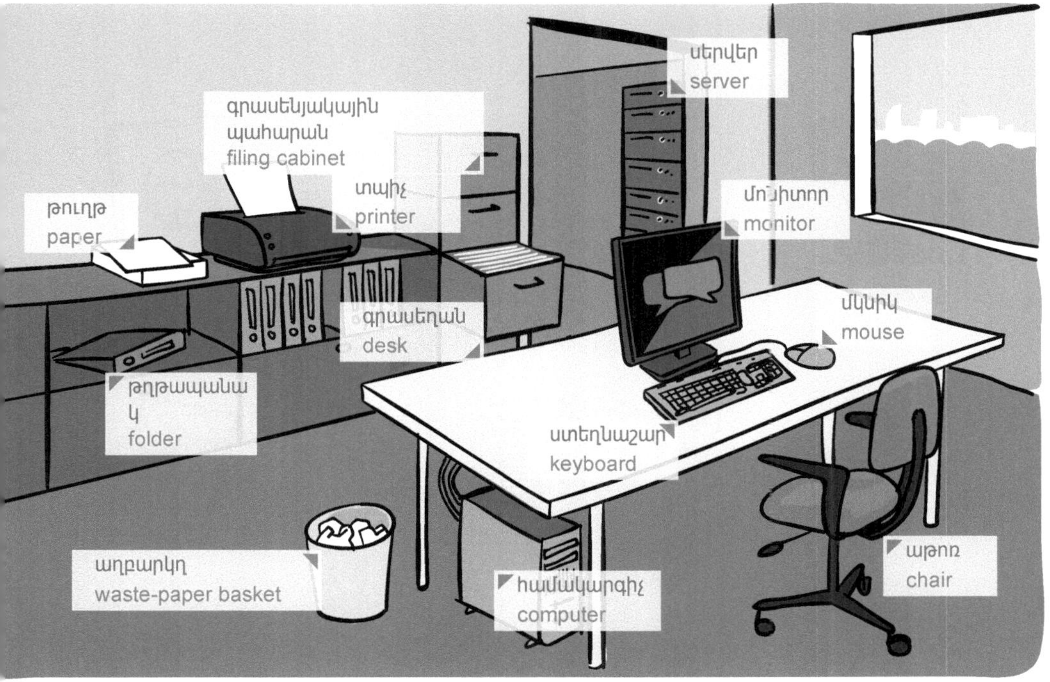

սուրճի գավաթ

coffee mug

հաշվիչ

calculator

ինտերնետ

internet

laptop

laptop

նամակ

letter

հաղորդագրություն

message

բջջային հեռախոս

cell phone

ցանց

network

պատճենահանման սարք

photocopier

ծրագրային ապահովում

software

հեռախոս

telephone

վարդակ

plug socket

ֆաքսի մեքենա

fax machine

տեսակ

form

փաստաթուղթ

document

գնել
....
buy

վճարել
....
pay

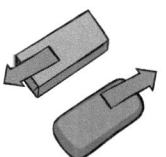

առեւտրի
....
trade

փող
....
money

 **USD**

դոլար
....
dollar

 **EUR**

եվրո
....
euro

 **JPY**

իեն
....
yen

 **RUB**

ռուբլի
....
rouble

 **CHF**

շվեյցարական ֆրանկ
....
Swiss franc

 **CNY**

յուան
....
renminbi yuan

 **INR**

ռուպի
....
rupee

բանկոմատ
....
cash point

փոխանակման կետ

currency exchange office

ոսկի

gold

արծաթ

silver

նավթ

oil

էներգիա

energy

գին

price

պայմանագիր

contract

հարկ

tax

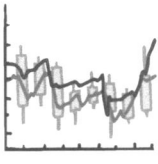

ակցիաներ

stock

աշխատանք

work

ծառայող

employee

գործատուն

employer

գործարան

factory

խանութ

shop

մասնագիտություն

occupations

ոստիկան
police officer
հրշեջ
fireman
խոհարար
cook
բժիշկ
doctor
օդաչու
pilot

այգեպան

gardener

ատաղձագործ

carpenter

դերձակուհի

seamstress

դատավոր

judge

քիմիկոս

chemist

դերասան

actor

ավտոբուսի վարորդ

bus driver

տաքսու վարորդ

taxi driver

ձկնորս

fisherman

հավաքարար

cleaning lady

տանիքագործ

roofer

մատուցող

waiter

որսորդ

hunter

նկարիչ

painter

հացթուխ

baker

էլեկտրատեխնիկ

electrician

շինարար

builder

ինժեներ

engineer

մսագործ

butcher

ջրմուղագործ

plumber

փոստատար

postman

զինվոր

soldier

ճարտարապետ

architect

գանձապահ

cashier

ծաղկավաճառ

florist

վարսավիր

hairdresser

տոմսավաճառ

conductor

մեխանիկ

mechanic

կապիտան

captain

ատամնաբույժ

dentist

գիտնական

scientist

ռաբբի

rabbi

Իմամ

imam

կուսակրոն

monk

հոգևորական

pastor

գործիքներ

tools

մուրճ
hammer
տափակաբերան
աքցան
pliers
պտուտակահա
ն
screwdriver
դարձակ
wrench
լապտեր
torch

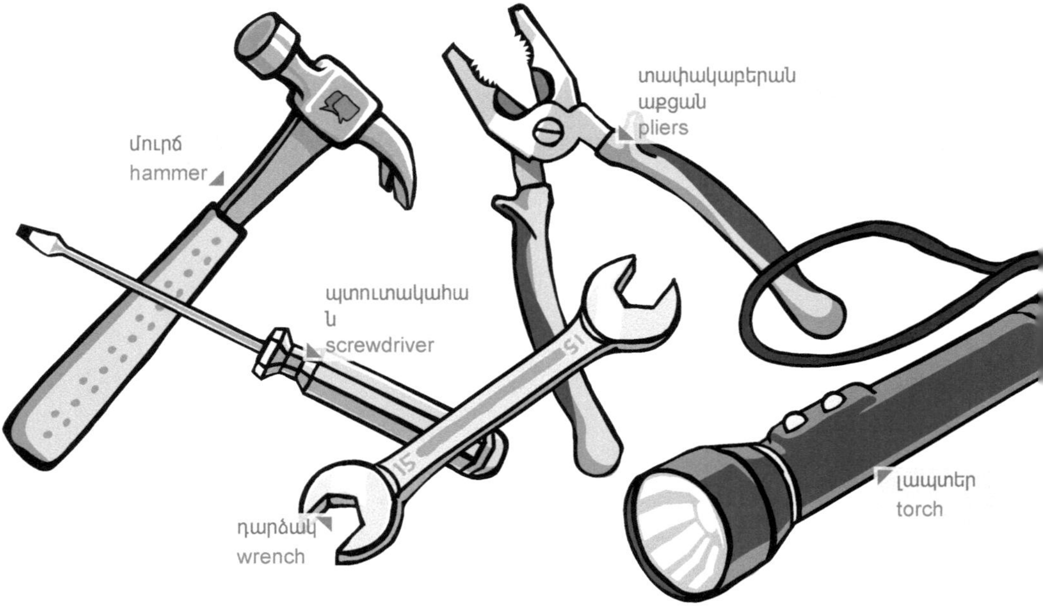

էքսկավատոր

excavator

գործիքների տուփ

toolbox

սանդուղք

ladder

սղոց

saw

մեխեր

nails

գայլիկոն

drill

նորոգում

repair

բահ

shovel

գրողը տանի

Damn!

գոգաթիակ

dustpan

ներկաման

paint can

պտուտակներ

screws

Երաժշտական գործիքներ
musical instruments

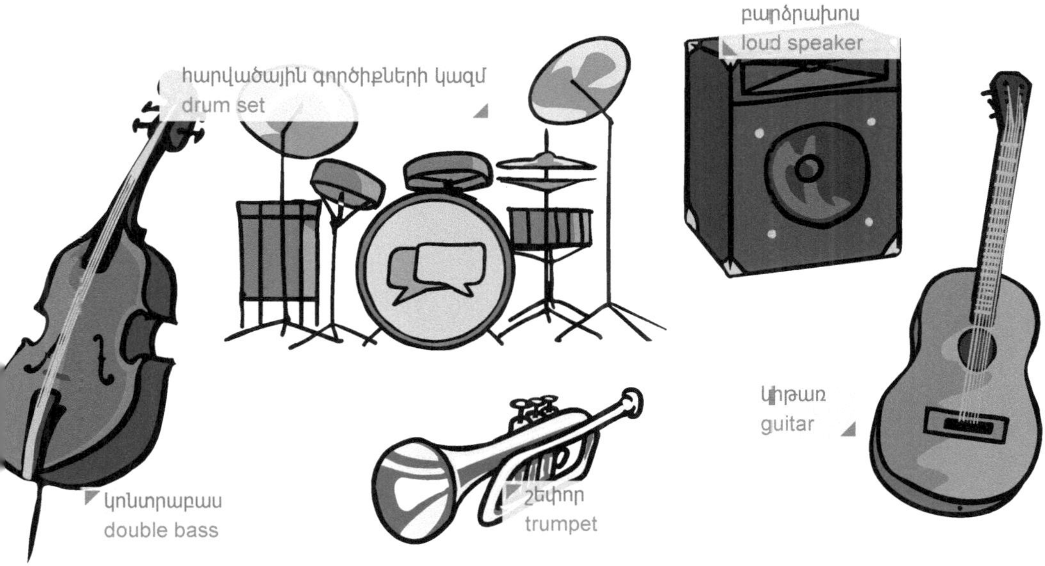

բարձրախոս
loud speaker

հարվածային գործիքների կազմ
drum set

կիթառ
guitar

կոնտրաբաս
double bass

շեփոր
trumpet

դաշնամուր

piano

ջութակ

violin

բաս

bass

թմբուկներ

timpani

հարվածային գործիքներ

drums

ստեղնաշար

keyboard

սաքսոֆոն

saxophone

ֆլեյտա

flute

միկրոֆոն

microphone

կենդանաբանական այգի

zoo

վագր
tiger
մուտք
entrance
վանդակ
cage
զեբր
zebra
կենդանիների կերակուր
animal feed
պանդա
panda

կենդանիներ

animals

փիղ

elephant

կենգուրու

kangaroo

ռնգեղջյուր

rhino

գորիլա

gorilla

գորշ արջ

bear

ուղտ

camel

ջայլամ

ostrich

առյուծ

lion

կապիկ

monkey

Ֆլամինգո

flamingo

թութակ

parrot

բևեռային արջ

polar bear

պինգվին

penguin

շնաձուկ

shark

սիրամարգ

peacock

օձ

snake

կոկորդիլոս

crocodile

կենդանաբանական այգու աշխատող

zookeeper

փոկ

seal

յագուար

jaguar

պոնի

pony

ընձառյուծ

leopard

գետաձի

hippo

ընձուղտ

giraffe

արծիվ

eagle

վարազ

boar

ձուկ

fish

կրիա

turtle

ծովացուլ

walrus

աղվես

fox

վիթ

gazelle

սպորտներ

sports

ամերիկյան ֆուտբոլ
American football
հեծանվավազք
cycling
թենիս
tennis
բասկետբոլ
basketball
լող
swimming
հոկեյ
ice hockey
բռնցքամարտ
boxing

ֆուտբոլ

soccer

բադմինտոն

badminton

աթլետիկա

athletics

ձեռքի գնդակ

handball

դահուկային սպորտ

skiing

պոլո

polo

գործունեություն
activities

ծիծաղել
laugh
ցատկել
jump
գրկել
hug
քայլել
walk
երգել
sing
երազել
dream
աղոթել
pray
համբուրել
kiss

գրել
write

նկարել
draw

ցույց տալ
show

հրել
push

տալ
give

վերցնել
take

ունենալ

have

դեպի

do

լինել

be

կանգնել

stand

վազել

run

քաշել

pull

նետել

throw

ընկնել

fall

ստել

lie

սպասել

wait

կրել

carry

նստել

sit

հագնվել

get dressed

քնել

sleep

արթնանալ

wake up

նայել

look at

լացել

cry

շոյել

stroke

սանրվել

comb

խոսել

talk

հասկանալ

understand

հարցնել

ask

լսել

listen

խմել

drink

ուտել

eat

հարդարվել

tidy up

սիրել

love

խոհարար

cook

քշել

drive

թռչել

fly

լողալ

sail

հաշվել

calculate

կարդալ

read

սովորել

learn

աշխատանք

work

ամուսնանալ

marry

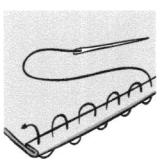

կարել

sew

ատամները լվանալ

brush teeth

սպանել

kill

ծուխ

smoke

ուղարկել

send

տատիկ
grandmother

երեխա
baby

մայր
mother

պապիկ
grandfather

հայր
father

դուստր
daughter

որդի
son

հյուր

guest

հորաքույր

aunt

հորեղբայր

uncle

եղբայր

brother

քույր

sister

մարմին
body

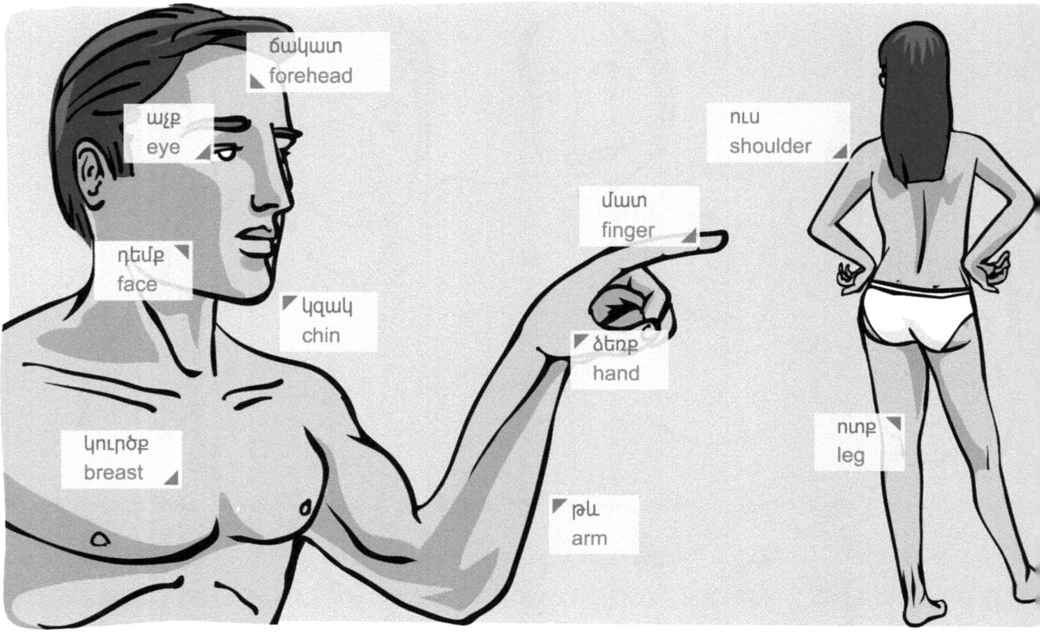

ճակատ
forehead

աչք
eye

դեմք
face

կզակ
chin

կուրծք
breast

մատ
finger

ձեռք
hand

թև
arm

ուս
shoulder

ոտք
leg

երեխա
baby

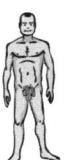
մարդ
man

կին
woman

աղջիկ
girl

տղա
boy

գլուխ
head

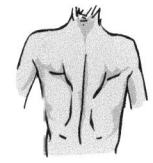

մեջք

back

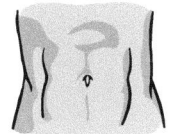

փոր

belly

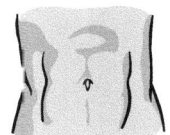

պորտ

navel

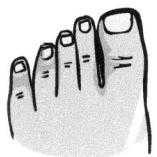

ոտնամատ

toe

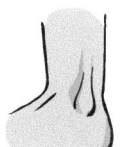

կրունկ

heel

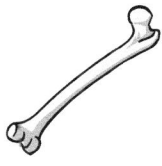

ոսկոր

bone

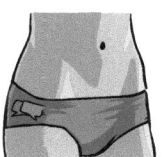

ազդր

hip

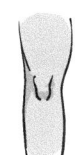

ծունկ

knee

արմունկ

elbow

քիթ

nose

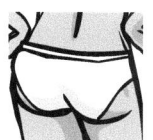

հետույք

buttocks

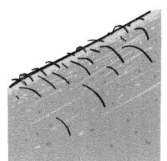

մաշկ

skin

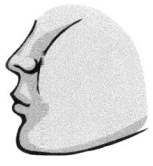

այտ

cheek

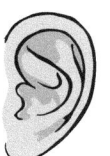

ականջ

ear

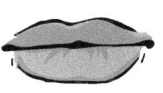

շրթունք

lip

բերան

mouth

ատամ

tooth

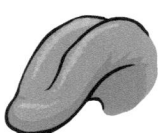

լեզու

tongue

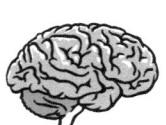

ուղեղ

brain

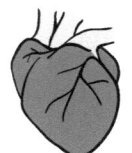

սիրտ

heart

մկան

muscle

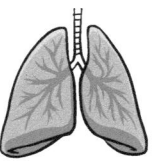

թոք

lung

լյարդ

liver

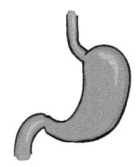

ստամոքս

stomach

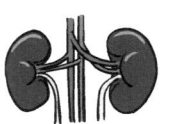

երիկամներ

kidneys

սեքս

sex

պահպանակներ

condom

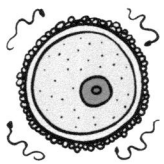

ձվաբջիջը

ovum

Սեմյոն

semen

հղիություն

pregnancy

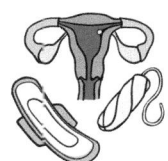

դաշտան

menstruation

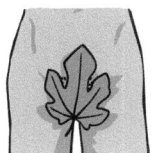

հեշտոց

vagina

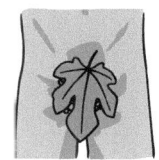

առնանդամ

penis

հոնք

eyebrow

մազ

hair

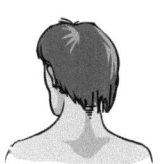

պարանոց

neck

հիվանդանոց
hospital

շտապ օգնության մեքենա
ambulance
սայլակ
wheelchair
կոտրվածք
fracture

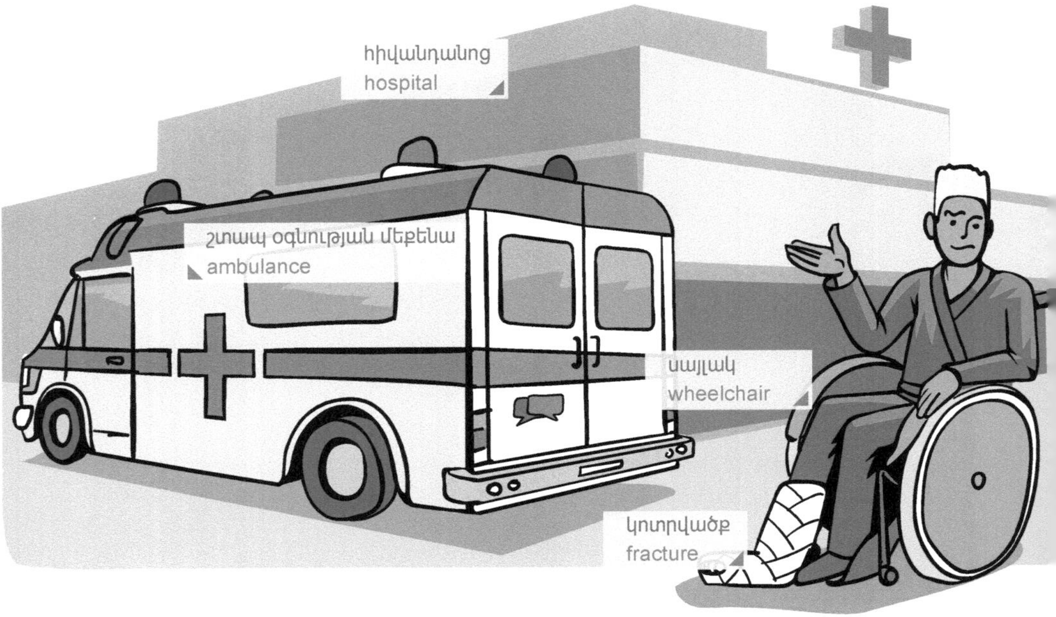

բժիշկ

doctor

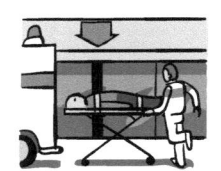

շտապ օգնության սենյակ

emergency room

բուժքույր

nurse

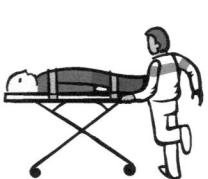

շտապ օգնություն

emergency

անգիտակից

unconscious

ցավ

pain

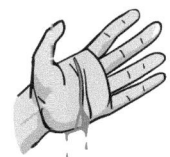

վնասվածք

injury

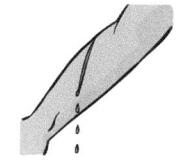

արյունահոսություն

bleeding

սրտի կաթված

heart attack

կաթված

stroke

ալերգիա

allergy

հազ

cough

տենդ

fever

գրիպ

flu

փորլուծություն

diarrhea

գլխացավ

headache

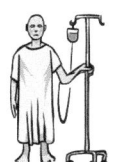

քաղցկեղ

cancer

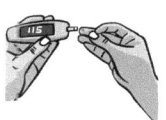

դիաբետ

diabetes

վիրաբույժ

surgeon

վիրադանակ

scalpel

վիրահատություն

operation

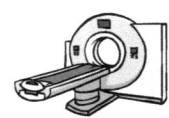

CT

CT

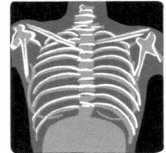

ռենտգեն

x-ray

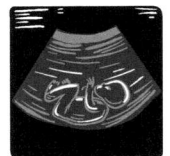

ուլտրաձայնային

ultrasound

դեմքի դիմակ

face mask

հիվանդություն

disease

սպասասրահ

waiting room

հենակ

crutch

սպեղանի

plaster

վիրակապ

bandage

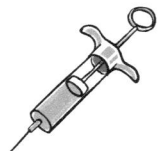

ներարկում

injection

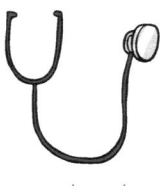

լսափողակ

stethoscope

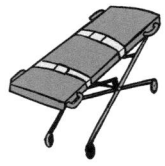

պատգարակ

stretcher

ջերմաչափ

clinical thermometer

ծնունդ

birth

ավելաքաշ

overweight

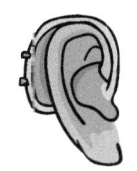

լսելով օգնության

hearing aid

ախտահանիչ

disinfectant

վարակ

infection

վիրուս

virus

ՄԻԱՎ / ՁԻԱՀ

HIV / AIDS

դեղորայք

medicine

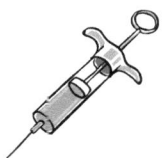

պատվաստում

vaccination

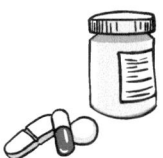

հաբեր

tablets

հաբ

pill

ահազանգ

emergency call

արյան ճնշման չափիչ սարք

blood pressure monitor

հիվանդ / առողջ

ill / healthy

շտապ օգնություն

emergency

Օգնություն!

Help!

տագնապի ազդանշան

alarm

հարձակում

assault

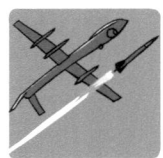

հարձակում

attack

վտանգ

danger

վթարային ելք

emergency exit

Հրդեհ

Fire!

կրակմարիչ

fire extinguisher

վթար

accident

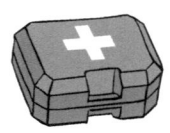

առաջին օգնության դեղարկղ

first-aid kit

SOS

SOS

ոստիկանություն

police

երկիր
earth

Եվրոպա
Europe

Հյուսիսային Ամերիկա
North America

Հարավային Ամերիկա
South America

Աֆրիկա
Africa

Ասիա
Asia

Ավստրալիա
Australia

Ատլանտյան օվկիանոս
Atlantic

Խաղաղ օվկիանոս
Pacific

Հնդկական օվկիանոս
Indian Ocean

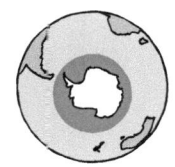

Հարավային Սառուցյալ օվկիանոս
Antarctic Ocean

Հյուսիսային Սառուցյալ օվկիանոս
Arctic Ocean

Հյուսիսային բևեռ
North pole

հարավային բևեռ

South pole

Անտարկտիդա

Antarctica

երկիր

earth

ցամաք

land

ծով

sea

կղզի

island

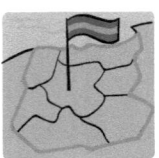

ազգ

nation

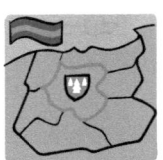

պետական

state

ժամացույց
clock

թվատախտակ

clock face

ժամի սլաք

hour hand

րոպեի սլաք

minute hand

վայրկյանի սլաք

second hand

Ժամը քանիսն է?

What time is it?

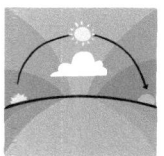

օր

day

այսպիսով

time

այժմ

now

թվային ժամացույց

digital watch

րոպե

minute

ժամ

hour

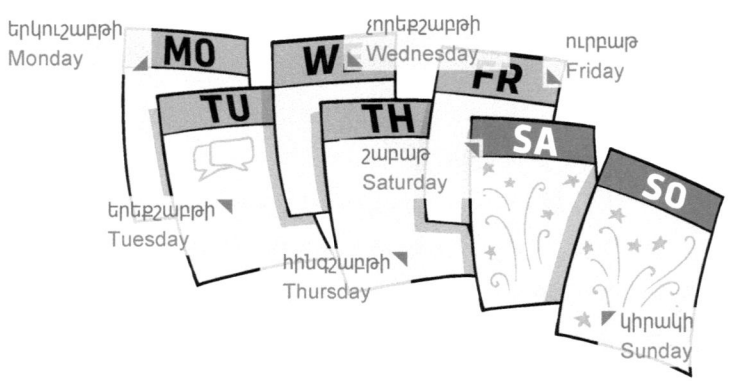

Շաբաթ

week

երկուշաբթի
Monday

երեքշաբթի
Tuesday

չորեքշաբթի
Wednesday

հինգշաբթի
Thursday

ուրբաթ
Friday

շաբաթ
Saturday

կիրակի
Sunday

այսօր

yesterday

այսօր

today

վաղը

tomorrow

առավոտ

morning

կեսօր

noon

երեկո

evening

աշխատանքային օրեր

workdays

շաբաթվա վերջ

weekend

անձրև
rain
ծիածան
rainbow
քամի
wind
ձյուն
snow
գարուն
spring
աշուն
fall
ամառ
summer
ձմեռ
winter

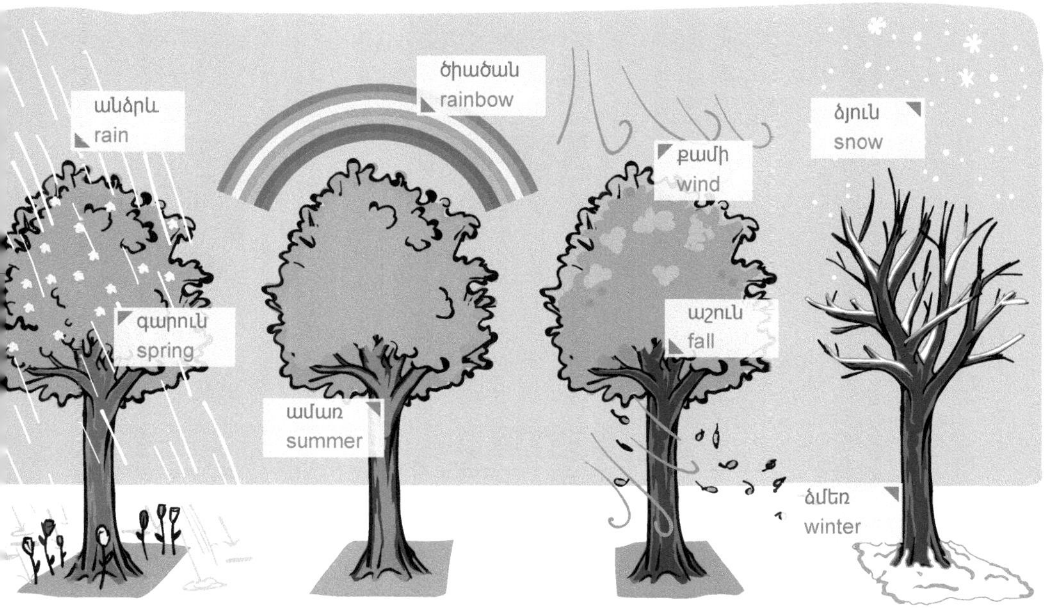

եղանակի տեսություն

weather forecast

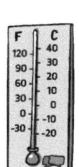

ջերմաչափ

thermometer

արևի լույս

sunshine

ամպ

cloud

մառախուղ

fog

խոնավություն

humidity

կայծակ

lightning

որոտ

thunder

փոթորիկ

storm

կարկուտ

hail

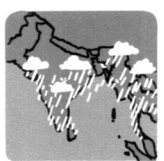

մուսոն

monsoon

ջրհեղեղ

flood

սառույց

ice

հունվար

January

փետրվար

February

մարտ

March

ապրիլ

April

մայիս

May

հունիս

June

հուլիս

July

օգոստոս

August

սեպտեմբեր

September

հոկտեմբեր

October

նոյեմբեր

November

դեկտեմբեր

December

ձեւավորում
shapes

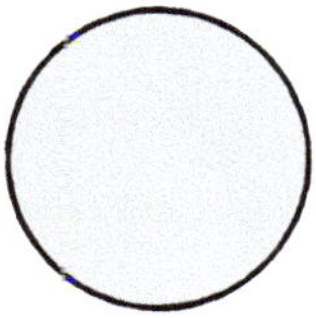

շրջան

circle

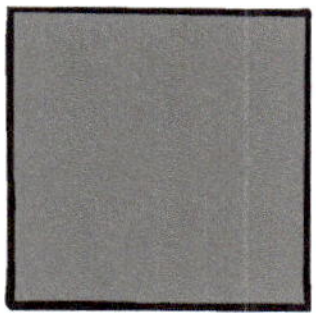

քառակուսի

square

ուղղանկյունի

rectangle

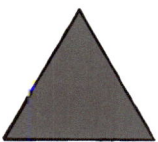

եռանկյունի

triangle

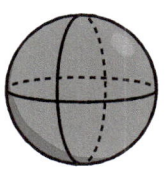

ասպարեզ

sphere

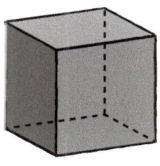

խորանարդ

cube

գույներ
colors

վարդագույն

white

մոխրագույն

yellow

դեղին

orange

մանուշակագույն

pink

կարմիր

red

շագանակագույն

purple

կապույտ

blue

սև

green

նարնջագույն

brown

սպիտակ

gray

կանաչ

black

շատ / քիչ

a lot / a little

բարկացած / հանգիստ

angry / calm

գեղեցիկ / տգեղ

beautiful / ugly

սկսած / վերջը

beginning / end

մեծ / փոքր

big / small

պայծառ / մութ

bright / dark

եղբայրը / քույրը

brother / sister

մաքուր / կեղտոտ

clean / dirty

ամբողջական / թերի

complete / incomplete

օր / գիշեր

day / night

մեռած / կենդանի

dead / alive

լայն / նեղ

wide / narrow

ուտելի / անուտելի

edible / inedible

չար / բարի

evil / kind

հուզված / ձանձրացրել

excited / bored

հաստ / բարակ

fat / thin

առաջին / վերջին

first / last

ընկերը / թշնամին

friend / enemy

լիքը / դատարկ

full / empty

կոշտ / փափուկ

hard / soft

ծանր / թեթև

heavy / light

քաղց / ծարավ

hunger / thirst

հիվանդ / առողջ

ill / healthy

անօրինական է / իրավաբանական

illegal / legal

խելացի / հիմարություն

intelligent / stupid

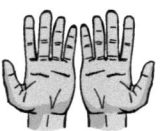

ձախ / աջ

left / right

մոտիկ / հեռու

near / far

Նոր / օգտագործվում
new / used

ոչինչ / ինչ - որ բան
nothing / something

ծեր / երիտասարդ
old / young

միացում անջատում
on / off

բաց / փակ
open / closed

ցածր / բարձր
quiet / loud

հարուստ / աղքատ
r ch / poor

ճիշտ / սխալ
right / wrong

անհարթ / հարթ
rough / smooth

տխուր / ուրախ
sad / happy

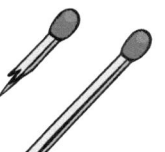

կարճ / երկար
short / long

դանդաղ / արագ
slow / fast

թաց / չոր
wet / dry

տաք / թույն
warm / cool

պատերազմ /
խաղաղությունը
war / peace

թվեր
numbers

0

զրո

zero

1

մեկ

one

2

երկու

two

3

երեք

three

4

չորս

four

5

հինգ

five

6

վեց

six

7

յոթ

seven

8

ութ

eight

9

ինը

nine

10

տաս

ten

11

տասնմեկ

eleven

12

տասներկու

twelve

13

տասներեք

thirteen

14

տասնչորս

fourteen

15

տասնհինգ

fifteen

16

տասնվեց

sixteen

17

տասնյոթ

seventeen

18

տասնութ

eighteen

19

տասնինը

nineteen

20

քսան

twenty

100

հարյուր

hundred

1.000

հազար

thousand

1.000.000

միլիոն

million

լեզուներ
languages

անգլերեն

English

ամերիկյան անգլերեն

American English

չինարեն մանդարին

Chinese Mandarin

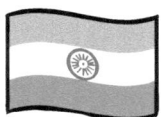

հինդի

Hindi

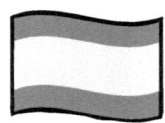

իսպաներեն

Spanish

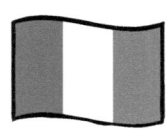

ֆրանսերեն

French

արաբերեն

Arabic

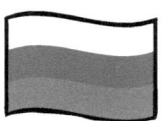

ռուսերեն

Russian

պորտուգալերեն

Portuguese

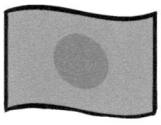

բենգալերեն

Bengali

գերմաներեն

German

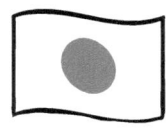

ճապոներեն

Japanese

Ով է /, թե ինչ է /, ինչպես

who / what / how

ես

I

դուք

you

Նա / նա /, որ դա

he / she / it

մենք

we

դուք

you

նրանք

they

Ով է?

who?

ինչ?

what?

ինչպես?

how?

որտեղ.

where?

երբ?

when?

անուն

name

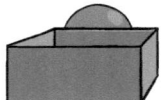

որտեղ

where

ետևում

behind

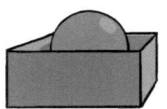

մեջ

in

դիմաց

in front of

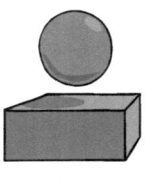

վրա

over

վրա

on

տակ

under

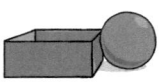

կողքին

beside

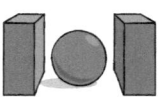

միջեւ

between

տեղ

place